Mémoire

SUR

LES RHUMATISMES, LA SCIATIQUE

ET LA PARALYSIE,

ET

MANIÈRE DE SE TRAITER SOI-MÊME.

Comme le présent mémoire pourrait être contrefait, et qu'en l'imprimant on pourrait changer les doses des remèdes prescrits dans les formules que j'ai données, ce qui est de la plus grande importance, je suis obligé d'avertir le public que tout exemplaire qui ne sera pas signé de ma main, devra être considéré comme frauduleux.

On ne doit également avoir une entière confiance aux teintures, qu'autant que le flacon sera scellé du cachet en cire de l'auteur.

Le dépôt de ma Teinture anti-rhumatismale *et anti-paralytique est, à* Lyon, *chez* **M. F. HUGUES**, *place des Capucins, n.° 1.*

Le prix des flacons de la Teinture anti-rhumatismale *est de* . . . . 5 *et* 10 *francs.*

Le prix des flacons de la Teinture anti-paralytique *est de* . . . . 20 *francs.*

LYON, IMPRIMERIE DE RUSAND.

MÉMOIRE

OU
OBSERVATIONS PRATIQUES

SUR

LES RHUMATISMES, LA SCIATIQUE

ET LA PARALYSIE,

ET MANIÈRE DE SE TRAITER SOI-MÊME;

PAR

F. D. A. Falletti,

MÉDECIN-CONSULTANT A PARIS, ANCIEN PROFESSEUR, ETC.

La médecine est une république où chaque médecin qui en est citoyen a droit d'exposer ses avis, et dans les intérêts de laquelle on doit écouter la voix même des plus petits enfans. Elle doit ses progrès aux forts, aux faibles, aux timides, aux audacieux.
(SARCONNE, *Hist. de l'Epid. de Naples*, tom. II, p. 228.

PARIS,

CHEZ L'AUTEUR,

ET

CHEZ LES PRINCIPAUX PHARMACIENS DE FRANCE

ET DE L'ÉTRANGER.

1831.

On ne peut révoquer en doute que les progrès dans l'art de guérir ne se multiplient chaque jour, et nous joignons aux lumières de nos pères, des connaissances nouvelles sur les maladies qu'ils regardaient comme incurables. Nos anciens maîtres prétendaient qu'on ne pouvait guérir le *Rhumatisme*, la *Sciatique* et la *Paralysie*. Lorsqu'un malade était atteint de ces affections, on le condamnait à vivre avec son ennemi. Nous avons trouvé des remèdes à ces maladies, aussi simples que faciles, et dont l'efficacité devient chaque jour plus authentique.

Je vais d'abord, sans préambule, faire connaître au Lecteur les motifs qui m'ont conduit à découvrir un remède, par l'application duquel je suis parvenu à obtenir non - seulement un soulagement palliatif à mes maux, mais la guérison radicale de ma maladie.

J'étais, depuis nombre d'années, affligé de douleurs rhumatismales fixes aux vertèbres et au bras gauche, qui avaient résisté aux différens traitemens que m'avaient prescrits plusieurs de mes collègues et des confrères d'Italie et de France, après avoir moi-même inutilement mis en usage tous les moyens qui avaient été en mon pouvoir pour m'en délivrer : bains aromatiques et médicamenteux de toute espèce ; douches, baumes, cataplasmes, cérats, emplâtres, exsutoires, fomentations, frictions, fumigations, linimens, onguens, pommades, potions, pilules, sirops, saignées générales et locales, tisannes, etc., etc. Tout avait été employé sans succès, de sorte que je puis avancer que pendant l'espace de douze années consécutives, j'ai à peu près épuisé tout le domaine de la médecine pharmaceutique.

La force et la vigueur de l'âge où j'étais (n'ayant alors que trente-neuf ans), et mon tempérament assez robuste, ne m'avaient pas encore ôté tout espoir de guérison. Imbu des préceptes hyppocratiques, que tout effet a sa cause, de même que toute cause produit son effet; qu'il n'est aucune maladie incurable; que tous les maux qui attaquent l'homme sont guérissables, quand on prend le temps et les moyens propres pour les combattre. Appliquer le remède convenable, voilà le difficile. L'art avec la nature, ou plutôt la nature aidée par l'art, avance et perfectionne une infinité de productions, qui, sans le secours de l'art, seraient extrêmement tardives et imparfaites. C'est sur ce principe que la médecine opère la guérison de la plus grande partie des maladies. Elle sépare ce qui est nuisible, exalte la vertu des médicamens, fortifie la nature, et lui procure par ces moyens la facilité de se rétablir promptement dans ses fonctions et de reprendre sa santé, c'est-à-dire, son état de perfection; au lieu que si elle était abandonnée à elle-même, elle succomberait souvent sous le poids du mal, ou tombant en langueur, pourrait à peine, avec une longue suite de temps, dissiper les causes de la maladie, réparer ses forces et reprendre sa première vigueur. J'ai donc dirigé toutes mes forces et tourné toutes mes vues vers l'investigation de toutes ces vérités; j'ai mis à contribution tous les auteurs qui ont écrit sur ces cruelles maladies, [1] et je n'ai rien négligé pour atteindre mon but et mettre

[1] Une suite d'événemens et de circonstances particulières, qu'il est inutile de raconter, m'avaient porté l'an 1819 à Montpellier. A mon arrivée dans cette ville, je m'empressai de me présenter aux professeurs de cette célèbre Faculté; je fus assez bien accueilli de tous ces hommes si recommandables. Le climat et cette gracieuse réception qui, loin d'être mendiée, semblait partir d'une vraie philanthropie, me firent former le dessein d'y fixer mon séjour, et par suite j'eus l'occasion de connaître leurs principes; et je fus assez heureux pour me lier intimement avec la plupart d'entre eux et des autres médecins que Montpellier comptait et compte pour ses principaux Praticiens, parmi lesquels M. le docteur Ménard, bibliothécaire, qui eut la complaisance de me faciliter la lecture des excellens ouvrages de cette fameuse bibliothèque médicale.

en pratique ce fameux adage : *Medice,
cura te ipsum.*

J'entrepris ma guérison. Les affections
rhumatismales ont été dès-lors l'objet
constant de mes études et de mes observations particulières ; j'ai fait à ce
sujet des expériences répétées sur mon
corps, et des recherches nombreuses sur
les moyens propres à combattre ces maladies qui ont fait ci-devant le désespoir de
la Médecine.

Je reconnaissais l'insuffisance des mé-
thodes ordinaires, et j'entrevoyais, ou
plutôt je pressentais, pour la guérison des
rhumatismes, l'existence et la possibilité
d'une autre méthode plus efficace et curative. Je n'aurais pas été moins heureux
qu'un autre l'eût découverte; mais il ne
faut pas non plus que l'obscurité, volon-
taire peut-être, de l'inventeur, nuise à
l'invention, et je dirai comme le poète :
*Si je puis vous servir, qu'importe qui je
suis ?* Et je répéterai ce qu'un praticien de

la Faculté de médecine de Montpellier dit :
Qu'est-ce qu'un médecin ? D'autres répondront : *C'est un docteur gorgé de grec,
c'est un orateur instruit dans tous les
genres de séduction, c'est un chrysologue
qui n'ignore de rien.* Moi je dis bonnement : *C'est celui qui guérit.*

On ne fait bien qu'en faisant longtemps la même chose; on n'arrive à la perfection dans une partie de l'art que par un
travail uniforme et opiniâtre. C'est ainsi
que dans tous les arts, la nécessité, une
routine intelligente, et le hasard même,
conduisent à de précieuses découvertes
qui, ensuite vues de près, et commentées
par la science, montrent toutes les raisons qui ont dû conduire à la réussite,
et de là les théories éclairées et les plus
certaines; car mes propres expériences ne
m'ont que trop appris que les subtilités
les plus ingénieuses dans la théorie, ne se
trouvent le plus souvent que de pures rêveries dans la pratique. Je suis d'avis que
dans une science d'observation, telle que

la médecine, les faits sont les principes, l'expérience est le plus savant des maîtres ; les théories les mieux établies, les raisonnemens les plus profonds, cèdent à l'évidence des faits : *Multi facio repetitam experientiam* ; [1] car en toutes choses, la théorie n'a de prix que par l'exemple.

Ceux qui me connaissent savent et voient que l'état de ma santé, jadis si souffrante et si précaire, parle plus éloquemment que tous les discours ; des succès brillans et authentiques, pendant plusieurs années de pratique à Paris, à Londres, etc., et les éloges obtenus dans les journaux de ces deux premières Capitales du monde ; de nombreux certificats de malades au-dessus de la condition du vulgaire, et principalement de savans Médecins, de membres de l'Académie royale de médecine de Paris, et de Praticiens très-distingués, qui ont non-seulement approuvé, mais même

[1] Klænius, *Observ. clin.*

adopté ma méthode, et qui, en s'y conformant, ont eu les succès les plus brillans ; voilà les garans que j'offre au public.

Je ne présente point ce remède comme spécifique dans toutes les affections rhumatismales, car il n'y a point de spécifique dans la nature ; le quinquina, le mercure et l'opium ne méritent pas même ce nom, puisque les fièvres intermittentes résistent souvent au quinquina, le mercure ne guérit pas toujours les maladies vénériennes, et l'opium n'a pas dans tous les cas une vertu narcotique ; je le donne au moins comme simple et méthodique, qui est au niveau de la science et de l'art, et dont l'expérience a constaté la supériorité sur tous les moyens usités jusqu'à ce jour, pour combattre ces maladies désespérantes ; enfin, je le donne sans exaltation ni exagération de ma part.

Je sais qu'il est des hommes qui s'enivrent de leurs succès, ils consentent de se tromper eux-mêmes avant de tromper les autres; mais il en est, et certes un grand nombre, à qui vous ne persuaderez jamais d'approuver l'invention d'un autre, par la seule raison qu'elle ne leur appartient pas. Admirateurs exclusifs d'eux-mêmes, ils s'imaginent que ce qui leur est étranger, est un vol fait à leur mérite; et quoique forcés en secret d'en faire usage, ils ne manquent jamais de le décrier en public. Que dis-je? l'envie les égare quelquefois jusqu'à nier l'évidence, et ils disent au Lazare ressuscité : *Non, tu n'étais pas mort*. Etrange manie de rabaisser tout ce qui s'élève, et d'empoisonner tout ce qui est salutaire.

Il en est d'autres qui ne connaissent qu'une autorité, la coutume, et pour qui aucun remède n'est bon que ce qui s'est fait, et comme il fut fait autrefois. J'aurai peut-être pour ennemis les uns et les autres ; voilà qui double mes regrets, de n'avoir point une plume assez éloquente pour pouvoir triompher de leurs attaques;

mais que dis-je? Eh quoi ! la vérité ne trouve pas dans tout homme sensé et de bonne foi, un zélé défenseur !... Aurais-je besoin du bras de quelqu'un pour terrasser les envieux, les jaloux et les incrédules ? Non, sans doute ; les faits sont là, ils sont plus éloquens que ma plume. Lecteur de bonne foi, lisez et jugez.

MÉMOIRE

OU

OBSERVATIONS PRATIQUES

SUR

LES RHUMATISMES, LA SCIATIQUE

ET LA PARALYSIE.

DU RHUMATISME.

De toutes les maladies qui affligent l'espèce humaine, le *rhumatisme* est, sans contredit, une des plus fréquentes, des plus cruelles et des plus difficiles à traiter, puisqu'il a été jusqu'ici l'écueil des meilleurs praticiens : on y est exposé dans toutes les saisons et dans tous les climats. Le rhumatisme est un désordre qui provient de la suppression d'une sécrétion d'une humeur coagulée par l'effet de la répercussion de l'insensible transpiration ou de la sueur, et par la soustraction du calorique de l'économie par le froid et l'humidité. Les douleurs rhumatismales sont ou fixes, ou vagues et mobiles, aiguës, ou chroniques, quelquefois avec rougeur et gonflement, et souvent sans aucun signe extérieur. Cette maladie n'attaque pas seulement les articulations, mais elle exerce sa tyrannie sur les membranes, sur les muscles, sur les aponévroses et sur les glandes cutanées. Les douleurs sont plus vives en certaines contrées que dans d'autres, plus actives au printemps et en automne, que dans les autres saisons de l'année, et se modifient à l'infini, selon les climats et les tempéramens des individus.

On reconnaît le rhumatisme à un embarras, un malaise, une tension, une roideur, une pesanteur, et à une espèce de courbature ou difficulté de se mouvoir; on sent à la partie attaquée une chaleur plus âcre que brûlante; quelquefois ses symptômes sont terribles, on éprouve des élancemens, une ardeur, une chaleur considérable, et quelquefois la douleur est acompagnée d'un froid sensible dans la partie.

Causes occasionelles des rhumatismes.

Les affections rhumatismales commencent ordinairement, dans l'un et l'autre sexe, à la fleur de l'âge, surtout dans ceux chez qui le système nerveux est le mieux constitué, et qui mènent une vie sédentaire, oisive ou molle; dans ceux qui habitent des climats humides, ou des lieux bas et malsains.

Le changement subit du chaud au froid et du

sec à l'humide, des vents coulis, ceux d'une porte
ou d'une fenêtre entrouvertes, un courant d'air;
la suppression de la transpiration, des hémor-
roïdes ou des règles, des vieux ulcères, des plaies,
des caulères, des vésicatoires et autres évacuations habituelles; des dartres, des écrouelles, une
gale ou une petite-vérole, rentrées; des maladies
vénériennes mal traitées, guéries trop vite en appa-
rence ou palliées; un lait répandu, ou le retour de
l'âge chez les femmes; une contusion, une disloca-
cation, des luxations, et parfois les veilles, les
exercices forcés ou excès de fatigues; l'abus des
plaisirs de l'amour, et des remèdes mercuriaux,
l'abus du vin et des liqueurs trop échauffantes,
ou des boissons froides quand on est en sueur,
donnent lieu à cette affligeante maladie.

Un sang épais et gluant qui s'arrête et ne cir-
cule plus librement, une abondance d'humeurs
viciées, bilieuses, pituiteuses ou glaireuses, qui,
en se corrompant, irritent les organes digestifs,
et peuvent causer, par sympathie, des douleurs
insupportables dans les articulations, dans le système musculaire, glanduleux, synovial, muqueux,
cartilagineux, cutané, etc. Les effets de la douleur ne se bornent pas toujours à la partie qui en
est le siége, souvent ils étendent leur influence à
tout le corps.

On lui a donné différens noms selon que le
mal avait tel ou tel aspect, et qu'il était situé dans
un lieu ou dans un autre : c'est le *torticolis*, lors-

qu'il affectait les muscles du cou; la *chiragre*, lorsqu'il attaquait les mains; la *gonagre*, les genoux; la *podagre* les pieds; la *sciatique*, la hanche et la cuisse; et le *lombago* la région lombaire. Il semble qu'on s'est amusé et qu'on a pris plaisir à mettre du trouble et de la confusion dans l'esprit des malades. La maladie est une, qu'importe donc toutes ces subtiles distinctions et dénominations? Quoique le rhumatisme soit rarement mortel, il est néanmoins essentiel de ne pas le négliger, car on a des exemples fréquens qu'il a entraîné et entraîne des individus d'une belle constitution, dans le marasme, la fièvre lente, les ankiloses, les nodosités, la rétraction des membres, l'endurcissement des muscles, la paralysie et l'apoplexie; car en quittant tout à coup les parties musculaires, il se jette sur les organes internes, pour y décider des apoplexies foudroyantes ou d'autres maladies promptement mortelles.

DE LA SCIATIQUE.

Comme la sciatique est une espèce de rhumatisme le plus cruel de tous, je vais en indiquer les signes auxquels on peut le reconnaître. Il y a des sciatiques où les douleurs sont si vives, que les malades ne peuvent se tenir dans leur lit.

Cette cruelle maladie a son siége dans l'articulation de l'os de la cuisse et de l'ischoir; la douleur occupe non-seulement la jointure, mais aussi la hanche, les lombes, l'os sacrum, la cuisse entière, le jarret même, quelquefois la jambe tout entière, y compris toute l'extrémité du pied: on reconnaît cette maladie à une douleur vive au coccix qui se déclare avec la plus grande opiniâtreté; cette douleur est quelquefois si vive, que le malade est obligé de marcher un peu courbé; il semble même que l'os de la cuisse a été rongé par des chiens; dans la suite du temps, toute la cuisse devient exténuée et faible, elle se raccourcit, et le malade devient nécessairement boiteux.

DE LA PARALYSIE.

Nos nerfs sont sujets à bien des vices, et le principal en est la paralysie. On en distingue trois espèces : la parfaite, l'imparfaite et celle du cerveau. La parfaite, ou la paralysie proprement dite, est celle où le malade est également privé de tout mouvement et de tout sentiment. La paralysie est imparfaite quand le malade conserve ou le mouvement ou le sentiment dans la partie paralysée, mais imparfaitement. La paralysie du cerveau est un état d'engourdissement ou d'altération des nerfs du cerveau. Cette espèce de paralysie se présente presque toujours avec l'apoplexie ou l'épilepsie, et subsiste quelquefois après que les attaques d'apoplexie sont passées.

La paralysie, soit du cerveau, soit des autres parties, vient d'un sang pituiteux, lent, muqueux, visqueux, qui s'embarrasse dans les artères capillaires du cerveau, comprime les nerfs et empêche le cours libre du liquide animal, ou l'arrête totalement. Il en est de même des autres parties. Elle peut encore venir de la trop grande quantité de sang, qui, distendant les vaisseaux, comprime les nerfs ; c'est ce qui fait qu'on distingue deux sortes de paralysie : l'une pituiteuse, qui vient de la première cause, et la sanguine, qui vient de la seconde ; l'une et l'autre rendent les nerfs pararalytiques et sans action.

Un air humide et grossier, des alimens épais ou trop épicés, des liqueurs spiritueuses, les excès dans le vin et les femmes, le défaut d'exercice, un sommeil trop long, la tristesse, la dentition chez les enfans, la grande humidité du sang, le dessèchement des fibres, la surabondance des humeurs, l'abus des remèdes mercuriaux et opiacés, des rhumatismes invétérés ou négligés, donnent lieu à cette cruelle maladie.

La paralysie est plus ou moins considérable, suivant que l'humeur qui se dépose du cerveau est plus ou moins abondante ; la paralysie qui afflige tout le corps, est universelle, celle qui n'attaque qu'un membre est particulière, quand elle occupe toutes les parties du corps, on l'appelle *paraplégie ;* quand elle frappe la moitié du corps seulement, pendant que l'autre reste libre, on l'appelle *hémiplégie ;* quand il n'y a qu'une seule partie affligée, comme la langue, un bras ou une jambe, on l'appelle *paralysie particulière.*

Selon le préjugé public, les rhumatismes sont inguérissables.

C'est un préjugé devenu presque général, que les *rhumatismes*, la *sciatique* et la *paralysie* sont inguérissables; cette erreur a fait beaucoup de victimes, et ces exemples ont ôté la confiance aux malades, de sorte que plusieurs d'entre eux sont si entêtés, qu'ils ne veulent pas tenter le plus petit remède (c'est bien vrai què la confiance contribue beaucoup à la guérison des malades, et ceux qui en manquent sont ordinairement dans des agitations qui sont un obstacle à l'effet des remèdes et au retour de la santé); cette spécieuse erreur éternise leurs douleurs, qui se renouvellent au moindre changement de temps, et font du corps de ces infortunés, des baromètres ambulans, enfin leur fait traîner une ennuyeuse vie, pendant qu'ils pourraient la passer comme tout le monde, à remplir paisiblement les devoirs de leur état. Si l'on a vu que des rhumatisans n'ont point obtenu leur guérison par l'emploi de remèdes mal appliqués ou inertes, n'en voit-on pas d'autres, cha-

2

que jour, qui, avec un peu de patience et d'exactitude dans leur régime et par une méthode bien
simple, guérissent radicalement de ces affections
qu'on avait regardées pendant des siècles, comme impossibles à guérir? Qu'on se persuade bien
qu'il n'y a d'incurable que les maladies qu'on traite
mal, qu'on néglige ou qu'on laisse invétérer; car
en cas contraire, ce serait supposer que l'auteur
de la nature aurait abandonné l'homme, le chef-
d'œuvre de ses mains, sans espoir et sans consolation, au sein des infirmités qui assiégent son
existence. Qui est-ce qui guérissait autrefois les *paralytiques ?* Eh bien, j'en ai guéri onze sur quinze
que j'ai traités en cinq ans, et j'ai rencontré très-
peu de rhumatismes, sous quelque dénomination
que les faiseurs de vocabulaires et les démonstra-
teurs érudits veuillent nous les présenter, qui
aient résisté à l'application de mon remède. Les
affections les plus invétérées et opiniâtres cèdent
comme par enchantement à une méthode aussi
simple que facile à suivre et peu dispendieuse,
comme on le verra par la lecture des observations ci-après.

Parmi les cures nombreuses opérées par l'emploi de mon médicament, j'ai choisi surtout celles qui ont été opérées à Montpellier et à Paris,
berceaux de la médecine en France, sous les yeux
des plus célèbres professeurs et praticiens de l'Eu-
rope, et qui ont pour objet des personnes atta-
quées d'affections rhumatismales de toute espèce,

et j'ai voulu que la relation simple et fidèle de ces cures fût appuyée par des témoignages authographes et authentiques, pour le développement de mes récits, et pour la satisfaction des rhumatisans à qui je consacre cet opuscule.

PREMIÈRE OBSERVATION.

RHUMATISME CHRONIQUE AVEC ATROPHIE DU BRAS GAUCHE; POINT DÉ CÔTÉ; DOULEUR AUX REINS OU LOMBAGO; DOULEURS OSTÉOCOPES.

Le succès étonnant que j'avais obtenu sur le rhumatisme qui s'était fixé aux vertèbres, et qui m'avait affligé pendant douze années consécutives, avec atrophie du bras gauche, par l'emploi d'un remède que je n'avais d'abord destiné qu'à moi-même, éveilla mon désir philanthropique de savoir, si ce remède serait aussi salutaire aux autres malades qu'il l'avait été à moi-même. L'occasion ne tarda pas à s'en présenter.

La concierge de la maison que j'habitais, rue du Palais, n.º 318, à Montpellier, ressentit un violent point de côté, une grande difficulté de respirer, avec frisson, *nota*, qu'elle était nourrice. Je

fus la visiter, et lui appliquai d'abord un morceau de flanelle trempé dans mon médicament
légèrement échauffé, j'ordonnai de le lui renou-
veler toutes les heures ; la douleur diminua peu
de temps après, de sorte que la malade se leva le
lendemain, rétablie en parfaite santé, et alla même à la rivière laver les linges de son nourrisson.

M. Laporte, bottier, rue de la Blanquerie, fut
atteint tout à coup d'une si grande douleur aux
reins, qu'il en était tout courbé et immobile sur
son siége, avec des souffrances terribles. On
m'appela pour aller le visiter. C'est avec bien de
la peine que l'on est parvenu à le transporter dans
sa chambre, et à le déshabiller pour le mettre au
lit ; il faisait des cris inouïs. J'administrai mon
traitement, c'est-à-dire, j'enveloppai la partie affectée avec de la flanelle humectée de liniment,
chauffée et bien pénétrée de fumée de sucre, on
le renouvela de quatre en quatre heures, il opéra
comme il continue d'opérer. Peu à peu les douleurs diminuèrent, et le malade fut à même, le troisième jour, de reprendre son ouvrage et de vaquer aux occupations journalières de son état.

M. Michel, officier supérieur à la demi-solde
à Montpellier, et chevalier de la légion d'honneur, souffrait vivement, depuis nombre d'années, de douleurs rhumatismales ostéocopes, qui
avaient résisté à toutes les eaux thermales, et à
tant d'autres traitemens qu'on lui avait prescrits.
Le rhumatisme s'était ensuite fixé à une jambe,

et surtout au mollet, sans douleur ni enflure, mais le malade éprouvait une grande sensibilité en lui touchant le gras de la jambe, et des douleurs aiguës quand il était au lit, qui se communiquaient jusqu'au talon, et à l'extrémité du pied. Toutes les fois qu'il s'acheminait pour marcher, il était obligé de traîner sa jambe pendant un bon quart d'heure. Je lui administrai mon traitement avec les modifications que je jugeai convenables. Les douleurs diminuèrent insensiblement, la jambe reprit sa force, le malade ses agrémens, et après un mois de traitement, rien ne s'opposa plus aux courses ordinaires qu'il faisait en toutes saisons.

M. Delphini, chevalier de la légion d'honneur, et commandant d'artillerie, à la demi-solde, alors dans la même ville, vint me consulter et me faire le détail d'une affection rhumatismale chronique, dont était affligé un de ses amis, propriétaire rentier à Ganges. Je lui remis une consultation analogue à ma méthode, avec un flacon de mon remède, et la manière de s'en servir. L'observation suivante et deuxième en fera connaître le résultat.

SECONDE OBSERVATION.

RHUMATISME CHRONIQUE QUI AFFECTAIT L'ÉPINE
DU DOS ET LES REINS.

*A M. le professeur Falletti, rue du Palais, n.º 318.
à Montpellier,*

MONSIEUR ,

C'est pour vous faire mille remercîmens, et
pour rendre justice à l'efficacité de votre baume
contre les douleurs rhumatismales, que j'ai l'honneur de vous adresser cette lettre. Ainsi que vous
me l'avez dit, je me suis frictionné chaudement le
dos et les reins, où des douleurs que j'avais déjà
essuyées ces deux derniers hivers, s'étaient re-
nouvelées sur ma vieille carcasse de soixante et
dix ans, d'une manière si aiguë, que je désespé-
rais d'en jamais guérir; mais grâce à la providence
et à votre baume, dès le cinq ou sixième jour
que j'en ai fait usage, sans faire autre chose, mes
douleurs devinrent, par gradation, presque in-
sensibles, et après environ quinze jours, je n'ai

plus eu le moindre ressentiment. Je continue cependant les frictions par précaution, dans l'espérance que cela enlèvera tout-à-fait la racine du mal.

Je me plais, Monsieur, à reconnaître que je vous dois ma guérison, conséquemment beaucoup de reconnaissance, que je voudrais, mais que je ne sais comment assez bien m'en acquitter. J'aurai l'honneur de vous aller voir à mon premier voyage à Montpellier, qui, j'espère, sera dans peu.

J'ai remis, depuis quelques jours, un peu de votre baume [1] à une dame qui souffre, depuis bien des années, des douleurs aux hanches, aux cuisses, aux genoux, et qui n'a jamais rien fait pour se guérir, et qui s'en trouve déjà un peu mieux.

Il est à désirer pour l'humanité souffrante que ce précieux remède soit généralement connu, et si vous me permettez de vous donner un conseil, je vous engage fortement à lui donner toute la publicité possible, ses effets doivent vous placer au nombre de ses bienfaiteurs.

Veuillez, Monsieur, agréer, etc.

Ganges, le 7 janvier 1825.

Signé, GUÉRINGUE.

---

[1] On avait donné à ce nouveau médicament, tantôt le nom de *baume*, tantôt celui de *pommade*, et tantôt celui de *liniment*.

TROISIÈME OBSERVATION.

RHUMATISMES AIGUS ET CHRONIQUES ; AFFECTIONS
NERVEUSES ET ARTHRITIQUES.

Je soussigné, Virenque, pharmacien, [1] cer-
tifie que le sieur Falletti a déposé dans ma pharmacie un pot d'un baume qu'il a composé contre
les douleurs nerveuses et arthritiques, en me
priant de vouloir bien en faire cadeau aux personnes qui seraient atteintes de ces maladies, pour
en reconnaître l'efficacité.

D'après cela, j'en ai distribué aux dames Dumois, couturière, et Benezech, fabricante de chandelles, qui s'en sont bien trouvées, et n'ont ressenti aucune douleur, après qu'elles l'ont employé pendant quelques jours.

En foi de quoi, etc.

Montpellier, le 24 février 1825.

Signé, pour M. VIRENQUE,
OOLIER, son élève.

---

[1] M. Virenque est un des professeurs philanthropes de la Faculté de
médecine de Montpellier, qui a été destitué pour ses opinions libérales,
sous le ministère Villèle.

Je soussignée certifie que ce qui est dit ci-dessus, est véritable.

Signée, DUMOIS.

Je soussignée certifie que ce qui est dit ci-dessus est véritable.

Signée, BENEZECH.

Je soussigné, déclare en outre, avoir délivré le même baume de M. Falletti à plusieurs personnes qui en ont ressenti des effets très-efficaces.

En foi de quoi, etc.

Montpellier, le 16 juillet 1825.

Signé, pour M. VIRENQUE,
OOLIER, son élève.

QUATRIÈME OBSERVATION.

DOULEURS RHUMATISMALES AUX PIEDS, OU PODAGRE.

Je certifie qu'ayant depuis un an, une douleur rhumatismale aux pieds, qui me faisait beaucoup souffrir, il y avait même des jours que je ne pouvais marcher, je me suis servie, pendant huit jours seulement, d'un baume qui m'a été remis par

M. Falletti, j'ai été soulagée, je n'ai plus senti de douleurs, et je marche sans la moindre difficulté.

En foi de quoi, etc.

Montpellier, le 20 mars 1825.

Signée, Marthe BASTIDE.

CINQUIÈME OBSERVATION.

SCIATIQUE.

A M. Falletti, ex-professeur et médecin, chez lui.

Je vous remercie beaucoup de votre pommade; je n'ai eu qu'à me louer de son emploi; comme avant de m'en servir, j'avais fait quelques applications pour me délivrer de la sciatique qui m'a si cruellement tourmenté, je n'oserais pas assurer que je dois à votre remède seul, le bien que j'ai éprouvé, mais je ne puis pas me dissimuler que j'en ai retiré un soulagement notable toutes les fois que j'en ai usé; je l'ai vu soulager également une personne qui souffrait vivement d'une douleur de même nature que la mienne.

J'ai l'honneur d'être, etc.

Montpellier, le 14 juin 1825.

Signé, CHRESTIEN, médecin.

P. S. Je vous prie de m'excuser si j'ai tant tardé à vous adresser mes remercîmens ; mes occupations m'ont empêché d'aller vous les faire chez vous, et j'espérais vous rencontrer dans mes courses.

Nota. Toutes les pièces ci-dessus, soit lettres, soit certificats, ont été dûment légalisés par les autorités compétentes de Montpellier, comme on peut voir ci-après.

Le Maire de la ville de Montpellier certifie que le présent est conforme aux originaux qui lui ont été présentés et retirés de suite.

Montpellier, le 10 août 1825.

Signé, Marquis DAX DAXAT.

Vu pour légalisation de la signature du Marquis Dax Daxat.

Montpellier, le 11 août 1825.

Signé, CREUZÉ DE LESSER, préfet de l'Hérault.

SIXIÈME OBSERVATION.

DOULEURS RHUMATISMALES VAGUES, AU RETOUR
DE L'AGE, CHEZ UNE FEMME.

Je soussignée, déclare et certifie à qui il appartiendra, qu'étant affligée de douleurs de rhumatisme, j'ai fait usage du baume de M. Falletti, que dès les premiers jours que je m'en suis frictionnée sur mes douleurs, je me suis trouvée sensiblement soulagée, que le mieux s'accroît journelment, et que j'en espère une guérison radicale.

En foi de quoi, etc.

Au Vigan, le 30 août 1825.

Signée, MASOYER-ROLLAND.

SEPTIÈME OBSERVATION.

RHUMATISME AIGU QUI AFFECTAIT TOUT LE BRAS
DROIT, DEPUIS L'OMOPLATE JUSQU'A L'EXTRÉ-
MITÉ DE LA MAIN.

MONSIEUR FALLETTI,

Le remède que vous avez eu la bonté de me donner, a produit l'effet le plus salutaire; les douleurs rhumatismales que mon épouse éprouvait à son bras, et qui avaient résisté, depuis trois mois, à tous les traitemens qu'on avait faits, ont entièrement cessé, et elle se sert aujourd'hui de son bras, comme si elle n'avait jamais éprouvé le moindre mal; c'est le baume que vous m'avez remis qui a opéré cette cure; et dès la troisième friction que j'en ai faite, mon épouse a reconnu un soulagement qui n'a fait qu'augmenter jusqu'à sa parfaite guérison. Je ne sais, Monsieur, de quelle manière vous témoigner ma reconnaissance, j'avais désiré vous en donner des preuves que vous avez refusées, il ne me reste donc qu'à vous prier d'agréer les vives expressions de ma gratitude et de mes sentimens respectueux, etc.

Paris, le 4 octobre 1825.

Signé CHARÈGRE jeune, négociant, rue du Sentier, n.º 18.

HUITIÈME OBSERVATION.

RHUMATISME QUI ATTAQUAIT TOUTE LA PARTIE DROITE DU CORPS.

Je soussignée, veuve Clavéry, demeurant et tenant l'hôtel meublé de Genève, rue du Petit-Lion, n.º 6, faubourg St-Germain, à Paris, dé-

clare que Louise Olivier, ma fille de service, était
sujette, depuis quelques années, à des douleurs
que les médecins appelèrent rhumatismales, qui
l'empêchèrent de se mouvoir dans son lit pendant trois mois, tant elle souffrait dans le sein,
le bas ventre, la cuisse, le genou, etc., de la partie droite de son corps ; ces douleurs se renouve-
lèrent de la même manière, et avec la même violence, vers la fin du mois d'août dernier, et tous
les remèdes que les médecins lui prescrivirent,
ont été sans succès ; la malade n'a jamais éprouvé le moindre soulagement jusqu'à l'époque à laquelle M. Falletti, médecin de Montpellier, vint
loger chez moi, lequel lui fit faire de simples frictions sur la partie affectée, avec un médicament qu'il nous a donné ; et je déclare que la malade s'en est trouvée à merveille, et qu'au bout de
la troisième friction, les douleurs cessèrent tout-
à-fait, de sorte qu'elle vaqua desuite, et vaque,
depuis cette époque, à tous les devoirs de son
état, sans le moindre ressentiment.

Voilà ce dont tous les voisins et les locataires
ont été témoins, et ce que j'atteste comme parole
de vérité, et comme un fait réel.

Paris, le 15 septembre 1825.

Signée, Veuve CLAVÉRY, née Friclot.

Vu à la mairie du onzième arrondissement de
Paris, pour la légalisation de la signature apposée

de l'autre part, de Madame veuve Clavéry, née Friclot.

En la Mairie, le 19 septembre 1825.

Signé, DE BURE, adjoint.

Vu pour légalisation de la signature de M. De Bure, adjoint au Maire du onzième arrondissement, apposée ci-dessus,

Paris, le 22 septembre 1825.

Le Conseiller, d'Etat, préfet de la Seine,

Signé, CHABROL.

NEUVIÈME OBSERVATION.

RHUMATISME AIGU QUI AFFECTAIT UNE PARTIE DES EXTRÉMITÉS INFÉRIEURES DU CORPS, OU SCIATIQUE.

MONSIEUR,

Je me plais à vous annoncer que votre remède a opéré un prodige sur moi; en cinq jours, les douleurs que j'avais depuis la hanche droite, jusqu'à la plante du pied, qui me tourmentaient si cruellement, ont entièrement disparu; je ne ressens plus aucune douleur; mais, Monsieur, ma mère m'a fait, je vous assure, suivre exactement votre ordonnance, elle me frictionnait deux fois par jour, le matin et le soir.

Veuillez bien, Monsieur, m'honorer un jour de votre visite, afin que je puisse m'acquitter dignement de mon estime et de ma reconnaissance avec lesquelles j'ai l'honneur d'être, etc.

Paris, le 8 octobre 1825.

Signée, M.lle MARTIN, graveur, quai Malaquais, n.° 13.

Vu par nous, Maire du dixième arrondissement de Paris, pour légalisation de la signature de M.lle Martin, apposée ci-contre.

Paris, le 10 octobre 1825.

Signé, PIAULT, Maire.

DIXIÈME OBSERVATION.

RHUMATISME UNIVERSEL QUI AFFECTAIT LES BRAS, LES REINS, LA RÉGION LOMBAIRE, LES CUISSES, ET LES JAMBES JUSQU'A LA PLANTE DES PIEDS, AVEC ENFLURE.

Monsieur le Docteur,

Les dernières frictions m'ont fait le plus grand bien, et je vais les continuer. Je vous prie de faire remettre au porteur une fiole de deux onces, etc.

Paris, le 28 février 1826.

Signé, MAISEAU, directeur du Journal du commerce, rue Saint-Marc, n.º 10.

Nota. Les deux célèbres médecins qui lui ont donné des soins peuvent se souvenir de l'état où je l'ai pris. La guérison achevée, M. le directeur du Journal du Commerce n'en fit pas hommage à la nature, mais, plein de reconnaissance et d'humanité pour ses semblables, fit paraître dans son journal l'article suivant :

Extrait du Journal du Commerce, samedi 18 *mars* 1826, *n.º* 2273.

Nous n'entretenons pas ordinairement nos lecteurs de ces prétendus spécifiques applicables à tous les maux, et qui n'ont d'autre mérite que celui d'épuiser la bourse et la santé; mais nous pensons que cette discrétion ne doit pas aller jusqu'à taire un remède simple, d'un usage extérieur, et dont les succès sont constatés par des cures nombreuses. C'est à ce titre que nous recommandons le liniment anti-rhumatismal de M. Falletti, médecin établi, etc., etc.

Extrait de la Biographie des Médecins français vivans, et des Professeurs des écoles. A Paris, 1826, p. 136.

Falletti. Nous devons à ce médecin la découverte d'un liniment anti-rhumatismal, dont on obtient des effets surprenans. Cette découverte est d'autant plus précieuse, que tous les moyens connus pour combattre les affections rhumatismales, échouent presque toujours. Un grand nombre de praticiens distingués de la Capitale ont fait usage de ce liniment et sur eux-mêmes, et sur leurs malades; ils ont été étonnés de son efficacité et de la promptitude avec laquelle les douleurs les plus opiniâtres, comme les plus récentes, disparaissent sous son influence; en conséquence, c'est rendre service au public, que de lui faire connaître ce liniment et son auteur, qui en est l'unique possesseur.

ONZIÈME OBSERVATION.

La manière dont ce médicament s'est propagé à Paris et dans les départemens, est le meilleur argument pour combattre les raisons de ceux qui croient que les affections rhumatismales sont inguérissables; car d'abord ignoré, ce n'est qu'à ses propriétés constantes, qu'il doit sa naissance et sa réputation si rapide. Ce n'est plus le vulgaire séduit par l'emphase du charlatanisme, et toujours ami de la nouveauté, mais les personnes sensées de toutes conditions, convaincues par l'expérience, et avides de leur guérison, qui courent après un remède simple, dont les succès sont constatés par des cures nombreuses; des Pairs de France, des Ducs, des Maréchaux, de savans médecins, et des praticiens distingués de France et de l'Etranger, recourent avec empressement et confiance à mon remède, pour se délivrer des affections rhumatismales aiguës et chroniques; on peut en être convaincu par la lecture des écrits ci-après.

Le Baron de Vignet, chargé d'affaires de Sardaigne, présente ses complimens à M. Falletti, et a l'honneur de le prévenir que Monsieur le Maréchal, Duc de Raguse, désirerait pouvoir le consulter avant son départ qui est fixé à mardi.

Paris, vendredi soir.

———

M. De Raoul, rue Saint-Thomas-du-Louvre, n.º 26, et M. Bouillant, rue de l'Echiquier, n.º 13, ont l'honneur de prier M. le docteur Falletti, de vouloir bien leur envoyer à chacun un pot de pommade pour les douleurs rhumatismales.

M. Fabré-Paraplat, leur médecin, les a autorisés à faire cette demande à M. Falletti, à qui M. de Raoul et M. Bouillant ont l'honneur de faire, etc.

Paris, jeudi 27 octobre.

———

J'ai appris par M. de Raoul et par M. de Saint-Geyrat, que vous avez un remède excellent contre les rhumatismes, je désirerais causer avec vous de mon état qui, jusqu'à présent, a résisté aux efforts de la Faculté de médecine; je serais bien reconnaissante, Monsieur, si vous aviez la bonté de venir chez moi, samedi prochain à dix heures et demie du matin.

Recevez, Monsieur, l'assurance, etc.

Paris, le 9 novembre.

Signée, La Marquise de RENTY, place du Carrousel, n.º 4.

J'ai l'honneur de prier M. Falletti de vouloir bien remettre au porteur, un flacon de son liniment anti-rhumatismal; ce qui m'a été rapporté par plusieurs de mes collègues m'engage à faire usage de son liniment.

J'ai l'honneur d'être, etc.

Signé, Le Docteur NOEL, rue Cherchemidi, n.° 14, à Paris.

DOUZIÈME OBSERVATION.

RHUMATISMES AIGUS ET CHRONIQUES.

MONSIEUR,

Les effets merveilleux que j'ai continuellement obtenus de l'emploi de votre liniment, contre les affections rhumatismales, récentes et anciennes, me rendent plein de vénération pour son auteur, par les services qu'il procure à l'humanité souffrante; en effet, les moyens qu'emploie la médecine pour combattre ces maladies, nous rendent le plus souvent témoins de leur impuissance. Que ne doit-on pas à l'homme qui nous fournit la faculté de nous en rendre maîtres ! J'espère,

mon cher Monsieur, que lorsque le public con-
naîtra mieux les heureux effets de votre découverte, pour des maladies dont il est si souvent
affligé, il ne tardera pas de vous en récompenser,
et que même les médecins les plus antagonistes
des remèdes secrets, ne manqueront pas d'en
conseiller l'usage, et de donner à son auteur les
éloges qu'il mérite, quand ils auront pu apprécier les heureux résultats de son emploi.

Agréez, etc.

Paris, le 11 mai 1826.

Signé, VERDIER, docteur-médecin.

TREIZIÈME OBSERVATION.

RHUMATISMES CHRONIQUES.

Gendarmerie royale de Paris. Service de santé.

Monsieur,

Ayant entendu parler de l'avantage de l'emploi
de votre liniment anti-rhumatismal, et l'essai ne
me paraissant offrir aucun inconvénient, j'en ai
conseillé l'usage à trois sous-officiers de mon ré-

giment, atteints de douleurs rhumatismales chroniques. Ces hommes, tout en faisant leur service,
ont obtenu un si heureux résultat, que je désirerais l'employer plus généralement; mais ce
qui m'en empêche, c'est le prix que je trouve
un peu trop fort pour des soldats, dont les moyens pécuniaires sont si bornés. Le corps dans
lequel je sers, n'étant composé que d'anciens
militaires, beaucoup se trouvent atteints de cette
affection ; si vous pouvez faire une remise en
leur faveur, vous leur aurez rendu un grand
service.

J'attends votre réponse qui, je n'en doute pas,
sera satisfaisante, pour pouvoir en faire un usage
plus absolu.

Agréez, etc.

Paris, le 3 juillet 1826.

Signé, MOTHRÉ, aide-major.

Extrait du Constitutionnel, jeudi 20 *avril* 1826
n.° 110.

Le médecin Falletti, après un long et opiniâtre
travail sur la recherche des moyens propres à
combattre les affections rhumatismales, est parvenu à guérir radicalement ces maladies par
l'emploi simple et facile d'un liniment dont
l'expérience a constaté la souveraine efficacité.

QUATORZIÈME OBSERVATION.

RHUMATISME CHRONIQUE AVEC TRANSPORT AU
CERVEAU ; DOULEURS ERRANTES.

J'avais eu le bonheur de traiter avec le plus
grand succès, nombre de personnages les plus
distingués par leur rang, à Paris. M. le Comte
du Pince, chef du cabinet particulier du Mi-
nistre de la police, après s'être débattu plusieurs
années contre une affection rhumatismale vague,
las des palliatifs, ou même des remèdes inertes,
et souvent funestes dont l'avaient accablé, soit
les médecins de province, soit les médecins
étrangers, pendant son émigration, après avoir
essayé non moins infructueusement des praticiens distingués de la Capitale, se mit enfin entre mes mains. C'était, en quelque sorte, sous
ses yeux que j'avais arraché à des souffrances
cruelles, et rendu à la société des personnes at-
taquées des affections les plus graves, les plus
compliquées et les plus invétérées. Ces doubles
cures lui avaient inspiré la plus grande confiance
en moi, et en effet il me fit appeler dans un moment bien critique.

L'affection rhumatismale qui l'affligeait depuis dix-sept ans, s'était transportée à la tête avec des douleurs insupportables. J'ordonnai l'application de mon traitement, je veillai moi-même, pour la première fois, aux frictions avec mon liniment, que je lui avais prescrites, matin et soir, depuis la nuque, jusqu'à l'extrémité de la colonne vertébrale, pour être sûr de mon succès. Le malade, homme d'esprit et de bon sens, le suivit à la rigueur; peu à peu les douleurs diminuèrent, et il ne tarda pas d'être à même de vaquer sans peine aux journalières et fatigantes occupations de son cabinet.

M. Maiseau, directeur du Journal du Commerce à Paris, lui-même qui eut tant de confiance en mon traitement, et qui eut tant de raison d'en avoir, lui rendit un hommage public dans son journal (voyez la dixième observation); plein de zèle et d'intérêt pour l'humanité souffrante, et après avoir été, en outre, convaincu, pendant l'espace d'une année, par des preuves mille fois réitérées de son bon succès, il se plut de faire paraître de nouveau l'article suivant.

Extrait du Journal du Commerce, mardi 5 décembre 1826, n.° 2573.

Nous avons eu, l'année dernière, l'occasion de recommander à nos lecteurs le liniment anti-rhumatismal du docteur Falletti. Les nombreuses cures que ce spécifique a opérées depuis cette époque sont une nouvelle preuve de son efficacité. C'est donc avec l'autorité de la plus heureuse expérience que nous le rappelons aujourd'hui.

QUINZIÈME OBSERVATION.

PARALYSIE DE TOUT LE CÔTÉ DROIT DU CORPS, OU HÉMIPLÉGIE, AVEC LA BOUCHE TOURNÉE, ET TREMBLEMENT DES MEMBRES DE TOUTE LA PARTIE PARALYSÉE.

MONSIEUR,

Deux sentimens partagent également mon âme en vous écrivant pour vous faire part du résultat de votre dernière consultation, sur la continuation que je devais faire de votre précieux liniment, après ma guérison : la reconnaissance et l'admiration. Car, quoi de plus admirable qu'une liqueur qui, dans un âge avancé, après m'avoir guéri d'une affection paralytique désespérante, a une telle action sur les nerfs, qu'elle rétablit leur force et leur souplesse, altérées depuis l'adolescence, par une luxation et un déboîtement, dont je n'ai pas cru devoir vous entretenir en vous consultant l'été dernier sur mon état!

C'est pourtant ce que j'éprouve bien agréablement dans toute la partie droite de mon corps dont j'avais eu, dans mon jeune âge, le poignet, le genou et la cheville déboîtés, dont chaque changement d'atmosphère n'avait cessé, depuis tant d'années, de me rappeler le souvenir; car j'ai bientôt soixante-quatre ans.

J'ai beau méditer en m'observant, je ne puis me rendre raison de ce prodige, et je ne sais que l'apprécier; je dois le rappeler à vous-même, pour le plus grand avantage que puisse en offrir son auteur à l'humanité souffrante. Qu'il est précieux de guérir son malade, sans le gêner, ni l'abreuver de dégoût !

Sans doute que vous recueillez note de vos cures, qu'elles peuvent vous être utiles d'un moment à l'autre. Je vous dois donc un certificat authentique de celle que vous avez faite dans ma personne, comme le premier gage de ma reconnaissance; trouvez donc bon qu'il termine ma lettre.

« Je certifie qu'atteint d'une affection rhuma-
« tismale, depuis l'âge de trente ans, dont le siége
« s'était fixé aux reins pendant trente années, je
« fus atteint spontanément, à l'âge de soixante
« ans, d'une attaque de paralysie, qui se mani-
« festa dans toute la partie droite de mon corps,
« et dont les symptômes furent le travers de la

« bouche, l'obstruction presque absolue de la fos-
« se nasale droite, une faiblesse accompagnée
« de tremblement tant dans le bras et la main,
« que dans la cuisse et la jambe droites.

« Je certifie que je suis resté dans cet état pen-
« dant trois années entières, sans avoir recueilli
« aucun succès des consultations et des traitemens
« que m'avaient prescrits des médecins distin-
« gués de Paris, et que je n'ai dû ma guérison
« qu'à l'usage que j'ai fait du liniment du docteur
« Falletti.

« Je certifie encore que sur le dernier avis de
« M. Falletti, de continuer l'usage de son liniment
« à raison de la mauvaise saison et de mon âge
« avancé, j'ai éprouvé, au bout d'un mois envi-
« ron de la continuation de son liniment, une
« souplesse et une force dans le poignet, le ge-
« nou et la cheville de la partie droite déparaly-
« sée, presque égale à celle que j'avais, avant
« qu'ils eussent été déboîtés.

« En foi de quoi, je me suis soussigné à Paris,
« le 5 janvier 1827.

« *Signé*, J. CHEVALLEREAU, avocat, rue
« Pierre-Sarrazin, n.º 7. »

Vu à la Mairie du onzième arrondissement de
Paris, pour légalisation de la signature apposée ci-
dessus de M. Chevallereau.

En la Mairie, le 5 janvier 1827.

Signé, DE BURE, adjoint.

La crainte d'être ennuyeux, m'a fait supprimer un grand nombre d'observations qu'un autre à ma place n'aurait peut-être pas négligées.

En donnant connaissance au public des effets merveilleux de ce remède, je ne fais que me rendre aux sollicitations d'un grand nombre de personnes qui, après avoir inutilement mis en usage tout ce que l'art connaît de plus efficace pour la guérison des rhumatismes, s'en sont vues délivrées par l'unique remède dont il est fait mention, et à bien peu de frais.

Que de milliers de malades, atteints de rhumatismes et d'autres affections nerveuses, en France, en Angleterre et dans les Pays-Bas, qui depuis long-temps, ne vivaient qu'au milieu des souffrances les plus cruelles, privés même de tout mouvement, et abandonnés de leurs médecins, mènent aujourd'hui une vie douce, et vaquent à leurs affaires , grâce à l'emploi de mon remède !

Pour qu'on ne m'accuse point ni d'exagération ni d'orgueil, que pourrait me donner la cure radicale de ces affections désespérantes, qu'on a regardées ci-devant sans ressources, je me remets entièrement à l'opinion publique, et aux malades, juges équitables des faits que j'ai avancés. On montrera avec plaisir les certificats originaux, on n'en refusera à personne la communication.

OBSERVATION TRES-INTERESSANTE.

Après m'être convaincu, par les observations que je viens de rapporter, et par une infinité d'autres, des effets étonnans de mon médicament, j'ai conçu, en faisant de sérieuses réflexions sur ses vertus, que j'aurais pu en faire une composition fluide et plus pénétrative, [1] qui la rendrait universelle dans toutes les affections rhumatismales et autres maladies nerveuses, et en même temps beaucoup plus efficace. A force de recherches, je suis enfin parvenu à la trouver.

Mes expériences m'ont fait connaître que deux ou trois flacons de cette préparation, guérissent infailliblement, et avec une douceur surprenante, toutes sortes de douleurs rhumatismales, quelque aiguës ou chroniques qu'elles soient, pourvu que le malade suive exactement les règles marquées dans ma méthode de traitement. C'est une consolation que les rhumatisans n'ont point encore eue jusqu'ici, puisqu'on n'a employé que

[1] La répugnance que quelques personnes, et surtout les dames, éprouvaient d'appliquer sur le corps un remède gras et huileux, contribua aussi à faire changer mon liniment en *teinture;* c'est sous ce nom que je le désignerai désormais.

les moyens ordinaires contre ces maladiés. Je
n'entends pas donner l'exclusion aux autres
remèdes et aux autres systèmes, car il se trouve
de ces affections qui se guérissent par les secours
généraux ; ma vue est de proposer ma méthode
de traitement aux médecins et aux malades, après
qu'ils ont employé sans succès les autres remèdes,
et alors de leur conseiller d'en venir à l'usage de
ma teinture anti-rhumatismale, qu'on emploîra
toujours utilement.

Les remèdes que j'administre sont de deux sortes, externes et internes. Les uns et les autres,
les internes surtout, admettent des modifications.
Il faut les adapter au degré du mal, à la force du
malade. C'est ici l'affaire du médecin plus que de
la médecine, et de la pratique plus que de la
théorie. Je régularise le traitement, je le varie selon l'ancienneté, l'étendue, l'intensité, le siége,
les formes et la marche du rhumatisme, selon
l'âge et la manière d'être de l'individu.

Je regarde les mercuriaux et les opiacés comme
un dangereux expédient : c'est qu'au lieu d'effacer
le mal, ils le dissimulent, qu'ils le voilent et le pal-
lient au lieu de le guérir. L'expérience a appris
qu'on ne peut, sans danger, les employer afin de
dissiper les douleurs qui doivent subsister, pour
que la maladie puisse parcourir ses temps selon
les lois de la nature ; d'ailleurs, quand on emploie
mal à propos les narcotiques, on empêche le
mouvement du fluide nerveux si nécessaire pour

que la résolution se fasse, et on empêche l'évacuation des humeurs par les selles, à cause de la
constipation qu'ils donnent; le Docteur Lieutaud
dit, que deux grains d'opium appliqués sur les
tempes, ont causé un délire avec fureur, ce qui
certainement est une preuve que les remèdes
anodins externes ne sont pas toujours sans danger, mais qu'il faut apporter beaucoup de précaution dans l'administration de ces remèdes,
pour ne pas rendre l'état du malade plus fâcheux
qu'auparavent. La nature elle-même guérit beaucoup de maladies, *natura morborum medicatrix;*
on agirait plus sagement en se contentant d'un
bon régime et d'un bon gouvernement, et, selon
le conseil d'Hyppocrate, de s'abstenir plutôt de
tout remède, que de s'exposer à des remèdes in-
certains et parfois nuisibles. *Optima medicina,
medicinâ non uti.*

J'ai eu bien souvent l'occasion d'observer, dans
le cours de ma pratique, que la saignée locale,
c'est-à-dire, l'application des sangsues, même en
cas d'inflammation, qu'on ordonne sur les parties
affectées de rhumatismes, pour calmer la douleur,
ne fait qu'attirer le vice dans la partie et le fixer
avec opiniâtreté; de sorte que la maladie n'étant
que palliée, elle ne tarde pas à se reproduire
avec beaucoup plus de violence.

En élevant contre l'emploi du mercure, de l'o-
pium et des sangsues, les récriminations de l'expérience et de l'humanité, je ne prononce point

contre eux une exclusion absolue, car ces reme-
des peuvent convenir dans certains cas comme
modificatifs. Par cette méthode de traitement, on
ne fait trop souvent que pallier les douleurs rhumatismales ; par ma méthode les résultats sont
bien différens ; non-seulement on calme en peu
de temps le mal, mais encore on en détruit la cause
et l'on guérit sans récidive. Ceux qui voudront se
servir de ma méthode, verront de combien elle
surpasse celle dont on se sert ordinairement;
j'ose hardiment leur en promettre les plus grands
succès.

Ma teinture anti-rhumatismale n'a rien de violent ni de dangereux dans son application et opération, et les effets en sont heureux, lorsqu'on
observera d'en faire l'emploi selon la méthode et
les règles que j'ai indiquées. On peut en prendre
intérieurement dans la *colique nerveuse* et le *lombago*, depuis vingt jusqu'à cinquante gouttes dans
une infusion de tilleul.

TRAITEMENT DES RHUMATISMES.

On ne peut détruire radicalement une maladie
qu'en éteignant sa source ; le praticien doit donc
mettre toute son attention à fondre, laver, absor-

ber, atténuer, détruire et chasser la cause et le levain des affections rhumatismales : or, tout cela se fait assez promptement avec l'emploi de mon médicament, en frictions sur les parties affectées, avec des lavemens, des purgatifs et des sudorifiques convenables à ces affections. Ce sont là les élémens et les agens universels de toute la méthode curative.

LAVEMENS.

Les lavemens sont d'un très-bon effet ; ils servent à favoriser la sortie des excrémens et des matières fécales qui séjournent dans les intestins, à diminuer la chaleur des entrailles, calmer les douleurs et faciliter la sortie des vents, qui sont quelquefois la cause de la douleur. Les lavemens, soit simples, soit composés, sont comme des bains internes, ils lubrifient les entrailles, calment le sang, en corrigeant l'âcreté des humeurs qui le font fermenter. Il n'est personne qui ne sache la manière de préparer les lavemens, et comment ils se donnent. Au reste, chacun compose les lavemens selon son besoin ; les uns pour rendre le ventre libre et pour rafraîchir, et les autres pour purger ; il faut consulter en cela les différentes dispositions du malade et la nature de la maladie. Le malade peut en prendre deux par jour, et même quatre dans le *rhumatisme aigu* ; on le réitère de six heures en six heures.

La liberté du ventre est à mes yeux d'une extrême nécessité dans le traitement des rhumatismes et autres affections nerveuses. On peut se servir avec succès des lavemens suivans :

Lavemens anti-rhumatismaux.

1.º Pour tempérer les entrailles :

Prenez : *orge entière* ou *gruau d'avoine*, une poignée.
     feuilles de mauve. . . . . } de chaque, une poi-
     »   *de grande joubarbe.* }   gnée.

Faites bouillir dans une suffisante quantité d'eau, et réduire à une livre; passez : faites fondre dans la colature deux onces de *miel violat.*

2.º Pour rafraîchir et purger légèrement :

Prenez : *feuilles de laitue.* . . }
    »   *de guimauve.* } de chaque, une demi-
    •   *de mercuriale.* } poignée.
    fleurs de camomille. . } de chaque, une demi-
    de nénufar. . . } poignée.

Faites bouillir dans une suffisante quantité d'eau et réduire à une livre; passez et ajoutez à la colature deux onces de *beurre frais*, ou deux onces d'*huile d'amandes douces* récente.

3.º Pour purger, c'est-à-dire pour évacuer les matières que les deux lavemens précédens auront détrempées, ou qu'ils n'auront pu entraîner,

Prenez : de *décoction émolliente* ci-dessus, une livre.

Délayez dans la colature une once et demie de *diaphœnic* ou de *lénitif fin*, ou deux onces de *miel mercurial*, ou trois onces de *miel commun.*

4.

Lavemens contre les affections nerveuses et le lombago.

Prenez : *tête de pavot blanc* brisée, n.° 1.

    graine de lin. . . . . . une demi-once.

    fleurs de camomille.

    »   *de mélilot* . .   de chaque, une demi-poi-

    »   *de coquelicot.*   gnée.

    »   *de violettes.* .

Faites bouillir dans une suffisante quantité d'eau et réduire à une livre ; passez : délayez dans la colature une demi-once de *térébenthine* dissoute dans un jaune d'œuf ; faites-en un lavement.

Autre lavement.

Prenez : *Assa fœtida.* . . . . . . un gros.

    jaune d'œuf, n.° 1.

    décoction de camomille, six onces.

On peut réitérer le lavement purgatif deux ou trois fois dans l'espace de vingt-quatre heures, pour les personnes surtout qui ont en aversion les médecines en boisson.

PURGATIFS.

Les purgatifs doivent être regardés comme un autre puissant moyen qu'on emploie dans le traitement des affections rhumatismales. En effet, on ne peut nullement douter que le foyer de diverses maladies, tant chroniques qu'aiguës, ne soit dans la masse du sang. Pour que la na-

ture concoure à l'effet des purgatifs, il faut que
les fibres ne soient pas trop roides, et que les humeurs aient éprouvé précédemment une altération et un changement qui les aient disposées à
être évacuées par les selles, ce qui doit faire sen-
tir combien il est important de prendre des lavemens avant les purgatifs.

Les purgatifs évacuent indistinctement par les
selles toutes les humeurs qui se trouvent dans l'estomac et dans les intestins, et en font sortir la
matière morbifique. Il arrive souvent dans les affections rhumatismales, que des purgatifs n'opè-
rent que les phénomènes des apéritifs, des diuré-
tiques, des diaphorétiques, etc., sans qu'il se
fasse aucune évacuation par les selles. Personne
n'ignore que dans nombre de sujets, les médicamens purgatifs n'ont pas constamment le même
effet, de manière qu'une petite dose cause souvent des évacuations excessives, et le double de
cette quantité, ou une dose entière, ne procure
quelquefois pas la plus petite évacuation.

Il ne suffit pas, dans ces maladies, de purger,
mais il faut appliquer à propos la nature du remède; il faut employer les incisifs et les abstersifs,
les uns pour inciser les matières crasses et vis-
queuses, et les autres pour les entraîner. Il faut
réitérer les purgatifs selon l'avis du médecin qui
conduira le malade. Voici le meilleur de tous, à
ma connaissance, et après un grand nombre
d'expériences; il est simple dans la pratique et

fort doux dans ses effets; il ne cause ni tranchées, ni douleurs, ni altération, comme font presque tous les autres purgatifs; toutes sortes de personnes en peuvent user également.

Purgatifs à employer dans les rhumatismes.

Prenez: *manne choisie.* . . . . trois onces.
      moelle de casse récemment extraite. . . . . une demi-once.
      tartrate de potasse antimonié. . quatre grains.

Dissolvez dans une livre d'eau de fontaine tiède, et faites-en une potion que le malade prendra en trois doses égales, à une heure d'intervalle.

Autre.

Prenez : *séné mondé.* . . . . . . une demi-once.
    crème de tartre. . . . . deux gros.
    semences d'anis. . . . }
    »   *de coriandre.* } de chaque, une pincée.
    citron ou *limon coupé* par tranches, n.° 1.

Versez dessus une pinte et demie d'eau bouillante, et laissez infuser pendant une nuit; passez : le malade en prendra la colature par verrées, à une heure d'intervalle.

Prenez *électuaire diacarthamum* fait selon l'art; la dose en est de deux à trois gros le matin à jeun. On le réitère pendant quelques jours. Il convient au rhumatisme vague et goutteux, à la sciatique et à la paralysie.

Nota. Le malade boira à chaque selle une tasse de bouillon aux herbes ou du thé léger.

Les personnes délicates peuvent se purger en substituant une once ou deux de *manne de Calabre* au sucre, dans le café.

Ces médecines rétablissent l'économie des humeurs, évacuant la trop grande abondance des matières crues, âcres, pituiteuses, bilieuses et glaireuses, qui bien souvent occasionent des douleurs rhumatismales.

Il se rencontre des malades d'un tempérament si délicat, qu'il ne leur faut au plus, pour les bien purger, qu'une ou deux onces de ces purgatifs; c'est pourquoi il faut toujours s'informer si le malade est facile à s'émouvoir, et en augmenter la dose graduellement, afin de ne le jamais purger trop fortement.

On peut aussi ajouter à la purgation, un demi-gros de *confection d'hyacinthe*, quand les malades sont faibles et languissans.

Opiat contre le rhumatisme goutteux.

Prenez : *manne de Calabre* . . . . . . deux onces.

rhubarbe . . . . }
résine de gaïac . . . . . } de chaque, un gros.

chamæpitis . . . . }
sel d'absinthe . . . . . . } de chaque, un scrupule et demi.

fleur de soufre . . . . . . deux gros.

sirop de chicorée sauvage . . quantité suffisante.

Mêlez et faites un opiat ou électuaire. La dose sera depuis un demi-gros jusqu'à un gros et demi, matin et soir, dans du pain à chanter.

Poudre contre le rhumatisme goutteux.

Prenez, *racine de calcitrape,* autrement dite, *carduus stellatus,* cueillie sur la fin de septembre; après l'avoir bien nettoyée, ôtez la petite peau de la racine, qui est une pelure fort fine; faites-la sécher à l'ombre, et réduisez-la en poudre fine. La dose en est d'un gros, enveloppée dans du pain à chanter, le matin à jeun, ayant soin de boire par-dessus un demi-verre de vin blanc, et de rester trois heures sans rien prendre.

———

Autre poudre contre le rhumatisme goutteux à l'estomac.

Prenez: *sulfate de quinine. . .* six grains.
morphine. . . . . . . deux grains.

Mêlez et faites quatre prises égales à prendre de quatre heures en quatre heures, dans du pain à chanter.

Autre.

Prenez: *sulfate de quinine. . .* deux grains.
tartre émétique. . . . trois grains.

Mêlez et faites six doses égales à prendre de trois heures en trois heures dans du pain à chanter.

———

Pilules contre le rhumatisme goutteux, invétéré,
accompagné de tuméfactions et d'engorgemens
dans les articulations.

Prenez : *hermodactes en poudre*, un gros.
    résine de gaïac . . . ⎱
    opopanax . . . . . ⎰ de chaque, un gros.
    camphre. . . . . . ⎰
    tartre stibié . . . . . trois grains.
    extrait de ménianthe . quantité suffisante.

Mêlez ; faites selon l'art des pilules de quatre
grains. On commence par la dose de deux pilules
à la fois et l'on augmente par gradation bien mé-
nagée, jusqu'à faire prendre huit ou dix grains
de tartre stibié, sans exciter la plus légère irritation. On prendra par-dessus, une tasse de tisane
de réglisse faite de la manière suivante : versez
une pinte d'eau bouillante sur deux ou trois gros
de réglisse effilée, et que ce soit la tisane du
malade.

Mixture pour résoudre les tumeurs des articu-
lations.

Prenez : *extrait de ciguë. . . . .* un scrupule.
    »   *de douce-amère.* ⎱
    »   *de fumeterre. .* ⎰ de chaque, un gros.
    polygala de Virginie. . un demi-gros.
    eau de cannelle. . . ⎱
    vin stibié . . . . . . ⎰ de chaque, six gros.

Mêlez ; la dose est de quarante jusqu'à quatre-vingts gouttes, quatre fois par jour, dans une infusion de chamæpitis : on augmente de deux ou trois gouttes à la fois, jusqu'à quatre-vingts.

Looch dans les affections nerveuses.

Prenez : *sirop de menthe crépue.* . . . . . deux onces.
eau de fleurs d'oranger . . . ⎱ de chaque, demi-
éther sulfurique. . . . . ⎰ once.
teinture de cannelle . . . . . . un gros.
laudanum liquide de Sydenham. un scrupule.
huile de térébenthine. . . . . . deux gros.
mêlée avec un *jaune d'œuf.*

Mêlez ; là dose est d'une ou deux cuillerées à la fois, le matin, à midi et le soir.

On réitère ces médecines autant de fois que le malade se sent en avoir besoin, c'est-à-dire jusqu'à ce que les humeurs ne pêchent plus ni en quantité ni en qualité, c'est-à-dire jusqu'à ce que l'on sente un soulagement parfait, ce qui arrive aux uns plus tôt, et aux autres plus tard.

Au cas que la nature donne des indications pour la sueur, il faudra employer les sudorifiques et les diaphorétiques.

SUDORIFIQUES.

Personne n'ignore combien les médicamens sudorifiques et diaphorétiques sont utiles dans les maladies qui ont pour cause, ou la suppression de la transpiration insensible, ou celle de la sueur. Ces remèdes sont d'un très-bon usage, même dans les maladies causées par un levain impure et contagieux, en ce qu'il chasse ce levain par les pores si multipliés de la peau. En excitant une transpiration abondante, on parvient assez facilement à guérir les rhumatismes et beaucoup d'autres maladies, même de celles qui sont les plus difficiles à vaincre, et dont la cause ou la matière morbifique peut être portée hors du corps par les pores excrétoires de l'épiderme.

La transpiration est encore une voie prompte pour délivrer un malade; cette évacuation étant considérable, elle est souvent employée par la nature pour terminer des maux opiniâtres ; mais comme elle a quelquefois de la peine à surmonter les obstacles qu'elle rencontre, c'est alors qu'il faut l'aider par les sudorifiques avec les précautions suivantes, surtout dans les affections rhumatismales : 1.º avant l'usage des diaphorétiques, il faut atténuer et diminuer la trop grande abondance des humeurs par des lavemens et des purgatifs que je viens d'indiquer ci-dessus, ou par d'autres que l'on jugera convenables; 2.º Il faut faire précéder de quelques jours l'emploi de mon remède en frictions, pour que les glandes de la peau ne soient point sèches, mais humectées et douces, car il est à appréhender que les humeurs qui cherchent à s'échapper, en sortant de la masse du sang, ne se jettent sur quelque partie principale, ne pouvant s'évacuer par la peau ; 3.º on doit éprouver les plus doux sudorifiques avant que de tenter les plus violens auxquels on ne doit venir que par degrés, surtout dans les personnes qui transpirent difficilement, ou qui se trouvent trop affaiblies après avoir sué.

Tisane sudorifique, simple et agréable, à employer dans les rhumatismes.

Prenez: *fleur de sureau.* . . ⎱
    »   *de coquelicot.* ⎰ de chaque, une poignée.

bois de sassafras. . . . une, demi-once.

vin blanc sec. . . . . . ⎱
eau de fontaine . . . ⎰ de chaque, une pinte.

Faites infuser dans un vaisseau bien bouché, auprès du feu ; il faut qu'il infuse sans bouillir ; laissez refroidir, passez, et ajoutez à la colature un gros de *sel de tartre.* Le malade en boira quatre verres par jour, savoir : deux verres à jeun, à demi-heure de distance, un troisième verre une heure avant dîner, le quatrième et dernier une heure avant souper, ou avant de se coucher.

Tisane sudorifique excitante contre les rhuma-
tismes chroniques.

Prenez : *racines de bardane.* . . . . . ⎫
      » , *de polypode de chêne.* ⎪ de chaque, demi-
    tiges de douce-amère. . . . ⎬ once.
    salsepareille. . . . . ⎭
    bois de gaïac coupé menu. . trois gros.

Versez dessus six pintes d'eau bouillante dans un
pot de terre, et bouchez jusqu'au lendemain.
Faites bouillir à feu doux au bain-marie ou sur
les cendres chaudes, jusqu'à diminution du tiers ;
ajoutez-y un nouet d'un demi-gros *d'ambre gris*
pulvérisé avec un peu de sucre candi. La décoction étant bien refroidie, passez par un linge
épais, sans presser le marc, et mettez-là dans des
bouteilles bouchées à la cave ; on versera encore
sur le marc une égale quantité d'eau que l'on
fera bouillir jusqu'à réduction de la moitié ; étant
passée et refroidie, on la mettra à part pour boire
à sa soif comme boisson ordinaire, et même on
peut en boire abondamment.

Le malade étant tenu à une nourriture légère
pendant quelques jours, on lui donnera de grand
matin dans son lit, demi-setier de la première
tisane chaude, et on le laissera transpirer trois
heures, après l'avoir bien essuyé on le laissera lever,
et une heure après il déjeûnera avec deux ou trois
onces de biscuits ordinaires, une ou deux dou-
zaines de grains de raisins secs, quelques aman-

des; il mêlera son vin avec la seconde décoction.
Quatre heures après le déjeûner le malade prendra un grand verre de la première tisane, et il suera
au lit pendant deux heures; après avoir été essuyé comme auparavant, on le fera manger.
Nota. Si le malade était trop délicat ou trop maigre, on lui diminuerait la rigueur de ce régime,
en ne le faisant suer qu'une fois par jour, et on
lui donnera un peu plus de nourriture.

Décoction contre le rhumatisme goutteux.

Prenez: *sommités de petite centaurée.*
     »   *de tanaisie. . . .*
     »   *de germandrée. .*
    feuille de bétoine . . . . .   } de chaque, un gros.
     »   *de chamædris. . . .*
     »   *chamæpitis. . . . .*

Versez une pinte et demie d'eau bouillante, et
faites une infusion théiforme que vous édulcore-
rez avec du *sirop d'absinthe*. La dose en est de
trois tasses par jour. On peut ajouter à chaque
tasse cinq gouttes d'*éther nitrique*.

Décoction contre les douleurs arthritiques et ostéo-copes, attribuées aux maladies vénériennes ou à l'abus du mercure.

Prenez: *écorce de bois de fer* râpée . une once et demie.
    coriandre . . . . un gros.
    coloquinte en poudre. . . . une once.

Faites infuser dans trois demi-setiers de bon vin blanc vieux, pendant cinq jours ; passez et gardez la colature dans des bouteilles bien bouchées. Le malade en prendra une cuillerée avant chaque repas, et il ne mangera que des viandes rôties sans soupe. Si l'on voit qu'il fait trop d'effet, on le corrige avec du vin et du sucre, et on s'abstient absolument de l'eau ; on boit du vin rouge pur, à sa soif seulement et à petits verres. Ce remède semble échauffer les premiers jours, mais au bout de huit ou dix jours on voit tout le contraire, il renouvelle la nature, et le malade prend le teint le plus vermeil et le sang le plus pur. Cette singulière tisane, qui est vraiment faite pour les enfans de Bacchus (car il faut renoncer entièrement à l'eau), m'a été communiquée à Londres par un médecin américain ; je l'ai expérimentée, et j'en ai obtenu un succès au-delà de mon espérance. Je conseille néanmoins de n'en point user que de l'avis et sous les yeux d'un sage et prudent médecin.

Teinture à prendre dans les rhumatismes chroniques.

Prenez : *feuilles fraîches d'aconit.* deux onces.
   alcool de genièvre. . . . trois onces.

Faites digérer à une douce chaleur pendant huit ou dix jours dans un vase bien clos ; passez avec expression ; filtrez, et ajoutez une once d'*éther acétique*. Mêlez ; agitez toujours avant d'en faire usage. La dose est depuis vingt-cinq jusqu'à cinquante gouttes dans une cuillerée d'eau de chardon bénit. On ne doit augmenter que d'une seule goutte à la fois jusqu'à cinquante seulement.

Décoction contre le rhumatisme laiteux.

Prenez des plantes vulnéraires suisses, une quantité suffisante, et faites-en une infusion théiforme, pour en prendre trois ou quatre tasses par jour, dans chacune desquelles vous délayerez un demi-scrupule de *sel de duobus*.

Potion contre le tic douloureux.

Prenez : *acétate d'ammoniaque.* . un gros.

sirop de diacode. . . . }
» de capillaire . . } de chaque, une once.

extrait de valériane. . }
» de pivoine mâle. } de chaque, demi-gros.

eau distillée de fenouil. }
» de mélisse. } de chaque, deux onces.
» de rose . . }

éther sulfurique. . . . . un scrupule.

La dose de cette potion est d'une cuillerée par heure.

Potion héroïque contre les rhumatismes.

Prenez : *fleurs de pensée sauvage,* une pincée.
      feuilles d'oranger brisées, un scrupule.

Versez dessus une livre et demie d'eau bouillante et laissez infuser trois heures ; passez et ajoutez à la colature tiède :

Tartrate de potasse antimonié, six grains.
Sirop simple. . . . . trois onces.

Mêlez et faites une potion selon l'art. La dose est d'un demi-verre, à prendre de deux en deux heures. Si le malade a des vomissemens, on peut ajouter à chaque dose, trois ou quatre gouttes de *lauda-num liquide de Sydenham.*

Il ne faut pas s'effrayer de ce que, le premier jour surtout, cette potion cause des nausées ou des vomissemens, il ne s'agira que de diminuer tant soit peu la dose et de ne la prendre que de quatre en quatre heures.

La vertu de cette potion héroïque est uniforme et constante. Elle peut être avec raison substituée aux eaux minérales, tant chaudes que froides, thermales, acidulées, bitumineuses, ferrugineuses, sulfureuses, savonneuses, dont l'usage demande beaucoup de précautions ; avec cette potion, c'est aller au but sans inconvénient et avec moins de frais ; son effet n'est point douteux, étant secondé par les frictions avec mon médicament ; il ne s'agit que de persévérer dans son usage pendant trois jours, ou tout au plus, cinq jours.

5

TRAITEMENT DES RHUMATISMES AIGUS.

Lorsque le rhumatisme est aigu avec rougeur et gonflement, et accompagné de fièvre, les boissons doivent être rafraîchissantes, comme sont les eaux distillées de laitue, de mauve, de nénuphar, de lis, de pourpier, etc.; les émulsions faites avec les quatre semences froides, celles de pavot blanc avec quelques amandes douces ; telle est aussi la tisane faite avec l'avoine, l'orge perlé, le riz, etc. Voici quelques formules :

Prenez : *orge perlé.* . . . . une once.
    racines de chiendent concassées. *{* de chaque, une
    » *de pissenlit.* . . . . *}* poignée.

Faites bouillir dans une suffisante quantité d'eau et réduire à cinq livres; un instant avant de retirer la tisane du feu, ajoutez :

Réglisse effilée, une demi-once.

Passez pour prendre la colature par verrées.

Autre.

Prenez : *eau distillée de laitue.* . . . . . une once.
    » *de fleurs d'oranger.* demi-once.
  sirop de mauve . . . . *}* de chaque, demi-
   » *de diacode.* . . . . . . *}* once.
  éther sulfurique. . . . . dix gouttes.

Mêlez : la dose de cette *potion calmante et antispasmodique* est d'une cuillerée, toutes les demi-heures.

Autre.

Prenez : *semences froides majeures.* } de chaque, deux
    graines de pavot blanc . . } gros.

Pilez le tout et versez dessus à petites gouttes,
douze onces de décoction de *racines de nénuphar*
et de *guimauve*, passez et ajoutez à la colature une
once et demie de *sirop d'œillet* et un demi-gros
de sel de nitre; faites une émulsion pour la prendre en trois ou quatre fois dans la journée.

Autre.

Prenez : *huile d'amandes douces récente.* une once.
    sirop de guimauve. . . . . une ouce.
    eau de cannelle orgée . . . . . deux gros.
    camphre. . . . . cinq grains.

Mêlez et faites selon l'art un looch à prendre par
cuillerées toutes les heures.

Autre.

Prenez : *eau de laitue.* . . . . trois onces.
    » *distillée de fleurs d'oranger.* deux gros.
    gomme arabique. . . . . un gros.
    sirop de capillaire. . . . . . . une once.
    » *de diacode.* . . . . demi-once.
    teinture de castoreum. . . . . quinze gouttes.

Mêlez : la dose de cette *potion somnifère* est de
deux cuillerées par heure.

Autre.

Prenez : *feuilles d'oranger.* . . . . . n.° 12.
    fleurs de tilleul. . . . . . }
    » *de géroflée jaune,* } de chaque, une pin-
    ou *de pensée sauvage.* . . } cée.

Versez dessus deux livres d'eau bouillante et laissez infuser : passez, et ajoutez à la colature deux onces de *sirop de menthe crépue.* La dose de cette *boisson sédative du système nerveux* est de deux cuillerées chaque demi-heure.

Bouillon rafraîchissant et antispasmodique.

Prenez un *poulet maigre* écorché et vidé que vous farcirez avec de l'*orge perlé* et des *semences froides majeures ;* faites bouillir dans trois pintes d'eau pendant deux ou trois heures ; écumez : ajoutez sur la fin, des *feuilles de chicorée,* de *laitue* et de *melisse,* une demi-poignée de chaque : passez avec une forte expression et ajoutez-y cinq ou six gouttes d'*essence de citron,* ou un peu d'*eau de fleurs d'oranger.*

Nota. Dans le traitement du rhumatisme aigu avec inflammation et enflure, faites d'abord bouillir une poignée de *feuilles de jusquiame blanche* et de *fleurs de sureau,* dans une suffisante quantité de *lait :* passez avec expression : enfermez dans une vessie de cochon le lait échauffé au degré convenable, et appliquez cette vessie sur la partie malade : on la renouvelle de deux en deux heures, jusqu'à ce que l'inflammation ou la forte irritation n'y existe plus. Ensuite on passe à l'emploi de ma teinture anti-rhumatismale et on continue jusqu'à parfaite guérison.

Régime des rhumatisans.

Le malade affecté de rhumatisme mangera peu
et souvent; il ne se nourrira que d'alimens faciles
à digérer, tirés principalement des végétaux, tels
que les chicoracées, les laitues, le cresson, l'oseille,
les épinards, les raves, les fruits cuits, etc.; il évitera les mets épicés, les viandes salées et toute
sorte de viandes grossières et vaporeuses; il ne
mangera point de haricots, ni de fèves, ni de pois,
ni de châtaignes, ni de choux, ni de moutarde,
enfin il évitera les alimens chauds, venteux et
secs; il choisira, au contraire, les alimens rafraî-
chissans; il pourra se permettre un verre de vin
rouge coupé de deux tiers d'eau à ses repas; il renoncera entièrement aux boissons échauffantes et
spiritueuses, et fera usage de celles qui sont adou-
cissantes, telles que le petit-lait, l'eau de poulet
ou de veau, de gomme, de riz, d'orge ou de quel-
ques-unes de celles qui sont prescrites ci-dessus;
il tiendra son ventre libre et s'abstiendra de tout
commerce charnel.

Il fera régulièrement les frictions avec mon remède anti-rhumatismal, selon la manière prescrite
ci-après. L'usage de ce remède n'empêche point
qu'on vaque à ses affaires; au contraire, l'exercice
modéré sera très-salutaire au malade.

Je recommande fort aussi au rhumatisant,
d'avoir toujours les pieds secs, de se tenir bien
couvert la nuit, de ne pas s'exposer sans précau-

tions aux impressions d'un air froid et humide, de porter sur la peau une camisole de flanelle d'Angleterre, afin de se garantir d'une transpiration interceptée, première source des douleurs rhumatismales.

Les veilles et les passions vives lui sont également pernicieuses ; il faut qu'il se dissipe, mais qu'il prenne sur lui d'être modéré dans ses passions.

TRAITEMENT DE LA SCIATIQUE.

La sciatique, étant une espèce de rhumatisme le plus opiniâtre et le plus difficile à guérir de tous, je ne saurais trop insister sur l'importance des lavemens, des purgatifs, et des frictions ; il est essentiel de suivre, avec la plus grande exactitude, la même méthode que je viens de prescrire ci-dessus, dans le traitement des rhumatismes.

La boisson ordinaire du malade, sera une légère décoction de petite centaurée et de fleurs de sureau, qu'il boira à sa soif.

TRAITEMENT DE LA PARALYSIE.

Tout le secret de guérir la paralysie, consiste à dégager les nerfs de la cause qui comprime et empêche le cours du fluide de l'esprit animal, de les fortifier et d'exciter leur mouvement; il faut pour cela mettre en usage des remèdes qui pénètrent les nerfs et puissent briser la masse des humeurs, atténuer les parties grumuleuses du sang, et les dissoudre, rendre la lymphe plus fluide, et l'empêcher de séjourner dans le trajet des nerfs. Il faut dans cette maladie, s'occuper de ces deux objets : de détendre les vaisseaux et de dégager les nerfs; sirops, boissons, bouillons, lavemens appropriés aux causes, et frictions, tout doit être dirigé vers ce but.

La paralysie exige, pour premier traitement, des vomitifs et des purgatifs alternativement pendant quatre ou cinq jours. Le vomitif suivant est fort bon pour les paralytiques :

Prenez : *racines de cabaret* en poudre. un gros.
      poivre blanc. . . . . dix grains.

Mêlez et donnez à avaler dans du pain à chanter, faisant boire un bouillon gras ou un verre de vin blanc par-dessus.

Autre vomitif.

Prenez : *racines de cabaret.* . demi-once.
    vin blanc. . . . . . . six onces.

Faites infuser pendant une nuit : passez ; le malade prendra cette colature le lendemain matin.

Les lavemens de *sirop de nerprun* conviennent à cette maladie ; on peut purger un jour par le haut, et un jour par le bas, au moyen de ces lavemens.

Le *sirop de nerprun* s'emploie en cette occasion en lavémens à la dose de *trois onces* pour les plus forts, *deux onces* pour les femmes, et *une once* pour les enfans, qu'on mêlera avec une décoction de calament.

La boisson ordinaire du malade sera la suivante :

Prenez : *salsepareille.*   ⎱
    squine . . . ⎰ de chaque, demi-once.

Concassez et faites infuser un jour entier en un vase clos dans

   Vin blanc sec . ⎱
   eau de fontaine. ⎰ de chaque, une pinte.

Faites bouillir à feu lent et réduire à moitié ; un instant avant de retirer la décoction du feu, ajoutez :

Bourgeons ou sommités de chamæpitis. ⎱
Fleurs de bétoine. . . . . ⎰ de chaque, une
   »   *d'arnica montana* . . . . ⎰ pincée.

Passez : le malade boira cette colature dans la journée.

Bol anti-paralytique.

Prenez: *racines d'impératoire.* . un gros.
bourgeons de sapin . . } de chaque, un scrupule.
fleurs de bétoine . . . }
gingembre. . . . . . . demi-gros.
cannelle. . . . . un demi-scrupule.
sirop de stœchas . . . quantité suffisante.

Mêlez pour faire des bols d'un gros chaque. Le malade en prendra deux par jour : un le matin à jeun, et l'autre le soir en se couchant.

Pilules contre le tremblement des membres.

Prenez : *castoreum.* . . . . . . un scrupule.
assa fœtida . . . . } de chaque, deux scrupu-
sagapenum . . . . } les.
pulpe de coloquinte. } de chaque, un gros.
petite centaurée . . }
casse récente. . . . . quantité suffisante.

Faites des pilules de quatre grains; le malade en prendra deux le matin et trois le soir en se couchant, et il en continuera l'usage pendant long-temps.

La paralysie de la langue se guérit avec l'usage des remèdes errhies ou sternutatoires, et par le gargarisme suivant :

Prenez : *eau-de-vie vieille.* . . . . une pinte.
baies de genièvre concassées. . une once.
fleur de lavande. . . . . . } de chaque, une
» *de sauge.* . . . . } pincée.

Faites infuser cinq jours; passez avec expression et filtrez. Le malade pourra ou se gargariser la bouche, ou encore mieux, en prendre une cuillerée le matin à jeun, et l'autre le soir, et le garder long-temps dans la bouche et l'avaler insensiblement.

Le pédiluve, les bains domestiques où l'on aura fait bouillir des feuilles de laurier et de genièvre et des fleurs de camomille, en suffisante quantité pour un bain, et où on aura amorti plusieurs fois de l'acier rougi au feu, produiront des effets salutaires dans la paralysie. On plongera le malade jusqu'au cou deux fois le jour dans ce bain, qu'on renouvellera de trois en trois jours. En sortant du bain, on essuiera le malade avec des linges chauffés par la fumée de succin en poudre, ensuite on lui frictionnera l'épine du dos et chaque membre paralysé, avec ma teinture anti-paralytique tiède, composée particulièrement pour cette maladie.

Toutes les paralysies sont sujettes à des rechutes que l'on pourra prévenir en se purgeant tous les mois avec la médecine suivante :

Prenez : *jalap.* . . . . . . quinze grains.

     mercure doux. . . dix grains.

     camphre . . . . cinq grains.

Mêlez et mettez en bols.

Régime du paralytique.

Le paralytique doit être fort régulier et très-
modéré dans ses repas ; il se privera des ragoûts,
il mangera des côtelettes grillées, du gibier, de
la volaille et des poissons rôtis; la chicorée sauvage mêlée avec du céleri et du cresson, est la
seule salade dont il pourra faire usage ; le vinaigre
surat sera le meilleur pour lui ; il boira peu de vin
pur ; il renoncera aux liqueurs, à toute espèce de
fromages et aux exercices violens ; il fuira le
désœuvrement, fera des exercices modérés; il doit
se garder des fortes passions de l'âme, particulièrement de la colère, de la tristesse, et des plaisirs
de l'amour; il doit s'abstenir de tout ce qui peut
lui occuper l'esprit, et chercher la gaîté, la dis-
traction et la tranquillité ; il se purgera chaque
quinzaine, pendant le cours du traitement, et
s'entretiendra le ventre libre.

TRAITEMENT

SIMPLE, SOUVERAIN ET UNIVERSEL DU RHUMATISME,
DE LA SCIATIQUE, ET DE LA PARALYSIE.

Je me suis fait un devoir de ne faire aucun secret de ma méthode curative de ces maladies désespérantes, et d'écrire le plus clairement qu'il

était en mon pouvoir, dans une langue qui n'est pas la mienne, afin que tout malade puisse se procurer des soulagemens prompts. Comme j'aime mieux l'intérêt du public que le mien propre, je vais donner un remède simple et puissant, avec lequel on est certain de se délivrer de ces cruelles maladies en peu de temps et à peu de frais, pourvu qu'il soit secondé pendant, avant, et après les frictions, par les lavemens, les purgatifs et les boissons convenables à chaque maladie, que j'ai prescrits ci-dessus.

Je sais quel tort je fais à quelques-uns, aux teneurs de bains surtout, en donnant ce secret ; mais je n'ignore pas le service essentiel que je rends à l'humanité souffrante, et particulièrement à la classe peu aisée. Je désire que mon désintéressement me mérite l'estime publique ; c'est le principal but que doit se proposer l'homme philanthrope.

Prenez une once d'*ambre jaune*, (qu'on appelle autrement *succin* ou *karabé*) ; une pinte de bon *vinaigre surat* ; mêlez et agitez pendant quelques minutes dans une bouteille bien bouchée. Versez la moitié de ce mélange peu à peu sur une plaque de fer rougie au feu. Le malade s'arrangera de manière à ce qu'il reçoive toute la vapeur sur la surface de son corps, et sur les parties affectées surtout, ayant soin de l'envelopper de linges et de draps, depuis les pieds, jusqu'au cou seulement, et de changer de plaque de fer au fur et à mesure qu'elle se refroidit et ne fume plus. Cette vapeur fait sortir de leurs cavités les humeurs les plus tenaces et les plus invétérées, qui bien souvent sont causes de ces maladies.

J'ai vu des personnes se mettre dans un tonneau couvert de draps et de couvertures, n'avoir que la tête dehors pour respirer librement, en faisant usage de ce mélange de vinaigre et de karabé.

Dès que le malade aura reçu la fumigation de la moitié de la pinte ou d'un tiers seulement, on l'essuiera avec des serviettes chaudes, et on le mettra au lit, qu'on aura préalablement bassiné et parfumé de sucre; il y restera pendant deux ou trois heures, ensuite on le frictionnera avec mon remède, on le laissera lever, et une heure après, on le fera manger.

J'ai opéré des cures nombreuses et merveilleuses par cette méthode, c'est-à-dire, par l'emploi de cette fumigation suivie des frictions. J'avoue que j'ai vu bien souvent des affections rhumatismales très-compliquées et plusieurs autres maladies du genre nerveux, rebelles à tous les autres remèdes, céder immédiatement à l'influence de cette méthode de traitement.

Nota. Je suis d'avis que l'usage réitéré de cette espèce de bain de vapeur, secondé par des remèdes internes, appropriés à la maladie, pourrait produire des effets salutaires dans les fièvres intermittentes, les hydropisies, la piqûre ou la morsure des animaux venimeux, la rage, la gale, le virus vénérien, et dans une infinité d'autres maladies.

MANIÈRE DE SE SERVIR DES TEINTURES.

On commence par faire des frictions sèches sur les parties affectées, et on fait, en attendant, chauffer au bain-marie une quantité suffisante de ma teinture *anti-rhumatismale* ou *anti-paralytique*, dans un petit flacon bien bouché, qui soit relative et proportionnée à l'étendue du mal; lorsqu'elle est un peu chaude, on y trempe une brosse douce, et on en frictionne les parties affectées, pendant quelques minutes; on les enveloppe ensuite avec de la flanelle chauffée et bien pénétrée de fumée de sucre, ou de baies de laurier, ou de genièvre, ou de myrte, ou d'oliban, ou de benjoin, réduits en poudre.

Si la partie affectée ne peut supporter les frictions, on l'enveloppe avec un morceau de flanelle humecté du remède, chauffé et fumigé de même ; dans ce cas on le renouvelle de trois en trois heures.

Si le rhumatisme affecte la tête ou une des parties inférieures du corps, comme la *sciatique*, on doit nécessairement, outre la partie affectée, frictionner l'épine du dos et les reins, en allant du cou, vers les extrémités de la colonne vertébrale.

Si le rhumatisme est fixe, et n'affecte qu'une des parties du corps, comme un ou les deux bras, ou les reins, les frictions locales sont suffisantes pour opérer la guérison.

Si le Rhumatisme est vague ou général, on ne saurait le combattre promptement et complètement qu'en frictionnant toutes les parties du corps en général, et d'une manière spéciale la partie qui fut la première à être attaquée du rhumatisme.

Les frictions doivent être répétées, c'est-à-dire qu'on doit les faire au moins deux fois par jour, dans une chambre chaude, ou devant un bon feu, et même plus souvent, s'il est possible.

On fait d'abord les frictions légèrement, et ensuite on les gradue, de manière à ne pas exciter d'échauffement notable.

On doit toujours faire les frictions en descendant, c'est-à-dire, du haut en bas, et jamais du bas en haut, tant dans le rhumatisme que dans la paralysie et la sciatique.

On garantira le corps, pendant l'opération, de l'impression subite de l'air. On ne découvrira qu'une partie après l'autre, pour faire l'application, et on aura soin de recouvrir au fur et à mesure celles qui auront été frictionnées.

Dans le *tic douloureux*, dans les *points de côté*, dans les *entorses* et dans les *foulures*, on ne fait point de frictions, mais on enveloppe seulement la partie malade, comme il a été dit ci-dessus.

Plusieurs personnes ayant employé mon remède pour frotter les *membres des enfans faibles*, dans les *affections nerveuses* et *arthritiques*, en ont aussi obtenu un succès au-delà de leur espérance.

Les malades qui veulent obtenir une guérison parfaite et radicale, sont prévenus qu'il faut continuer encore les frictions avec le même remède, pendant dix jours dans les rhumatismes, et trente jours dans la paralysie, lors même que les douleurs auraient entièrement disparu.

N. B. On doit toujours agiter les flacons avant de verser le remède, et les tenir bien bouchés.

Ce remède se conserve, sans se gâter, autant que l'on voudra, pourvu que le flacon soit bien bouché.

CONCLUSION

ET DERNIÈRE OBSERVATION.

Comme la santé est le plus précieux de tous les biens, et que sans elle les autres deviennent inutiles, il n'est rien de si naturel à l'homme que de chercher tout ce qui peut la conserver ou la rétablir, et de fuir tout ce qui peut l'altérer.

Dans ce but on a parcouru tout le globe, pour reconnaître la vertu des plantes, et les différentes propriétés qu'elles ont sous divers climats. On a creusé dans le sein de la terre, afin d'en tirer des métaux et des minéraux ; on a examiné même les propriétés médicinales qui pouvaient se rencontrer dans le corps des animaux; les oiseaux et les poissons n'ont pu se dérober à l'exactitude de ces recherches; et il n'est pas jusqu'aux plus vils insectes dont on n'ait fait des préparations chimiques pour la santé du genre humain. Mais les remèdes qu'on en a composés, ne sont pas toujours également utiles; tel soulage ou guérit dans certaines maladies, qui, dans quelques autres, produit des effets très-contraires.

Il est donc essentiel de connaître la nature de la maladie et les vertus d'un remède, avant d'en faire l'application; on doit, en outre, avoir soin de le proportionner à l'ancienneté de la maladie, à son intensité, à son siége, à l'âge et à la manière d'être de l'individu; car si la dose d'un remède est trop faible, elle est inefficace et inutile; si elle est trop forte, les effets en deviennent pernicieux; c'est ce que l'on apprendra facilement, si l'on se donne la peine de consulter mes observations, dans lesquelles on trouve une description des rhumatismes et des autres maladies du genre nerveux, et des remèdes nécessaires pour les combattre, ainsi que du régime qu'il faut observer; c'est ordinairement de là que dépend le succès du remède, et une parfaite guérison.

Je donne des détails sur le rhumatisme, la sciatique et la paralysie; je donne des moyens de les distinguer, et un traitement à part pour chaque affection, et j'en propose divers traitemens, dont j'ai fait moi-même l'expérience, et que j'ai simplifiés de mon mieux. C'est avec une juste confiance que j'en ai fait part au public; il y trouvera le témoignage du sentiment qui m'anime dans mes observations pratiques, et le désir d'être utile à l'humanité souffrante plus que d'être célèbre : le style de mon opuscule le prouve suffisamment.

Poids et mesures dont on a fait usage dans cet opuscule.

Il n'est pas possible de terminer ces observations sans expliquer quels sont les poids et les mesures dont j'ai fait usage dans cet opuscule.

La *livre* contient 16 onces.

L'*once*, 8 gros ou dragmes.

Le *gros* ou le *dragme*, 3 scrupules, ou 72 grains.

Le *scrupule* est le poids de 24 grains.

Le *grain* est la pesanteur d'un grain de froment de moyenne grosseur.

La *pincée*, c'est ce que l'on peut prendre avec les trois premiers doigts; elle est évaluée à un gros ou au quart de la poignée.

La *poignée*, c'est cette quantité d'un médicament que la main peut prendre à la fois, ou empoigner avec les cinq doigts; elle est évaluée communément à demi-once.

Les personnes qui ne me trouveront pas assez clair dans mes observations, pourront me proposer leurs doutes, ou verbalement ou par correspondance affranchie, je leur répondrai exactement, et je ferai mon possible pour leur donner des avis qui m'ont été dictés par l'expérience.

Ce Mémoire se vend 1 fr. 50 cent.

FIN.

TABLE DES MATIÈRES.

FIN DE LA TABLE DES MATIÈRES.